ESSAI

SUR

LA VIE DU DOCTEUR RIGAL

PAR LE DOCTEUR G. GOUZY.

Imprimerie de P. DUGOURC, à Gaillac.

ESSAI SUR LA VIE

DE

JOSEPH-JEAN-ANTOINE RIGAL

Né à Gaillac le 5 septembre 1797,

MORT A GAILLAC LE 27 OCTOBRE 1865,

Docteur en Médecine de la Faculté de Montpellier, Chirurgien en chef de l'Hôpital civil Saint-André de Gaillac, ancien Médecin des Épidémies, Membre correspondant de l'Académie impériale de Médecine, de la Société de Chirurgie de Paris, de la Société médico-pratique de la même ville, des Sociétés impériales de Médecine de Bordeaux, Rouen et Toulouse, de la Société littéraire et scientifique de Castres (Tarn), Chevalier de la Légion-d'Honneur et de l'Ordre du Christ de Portugal, Représentant du Peuple à l'Assemblée nationale législative, ancien Membre du Conseil général du Tarn, ancien Maire de Gaillac,

PAR LE DOCTEUR G. GOUZY

DE GIROUSSENS (TARN).

GAILLAC,

P. DALGA ET P. DUGOURC, LIBRAIRES-ÉDITEURS.

—

1866.

1867

A Madame Hippolyte Rigal.

Permettez-moi, Madame, de mettre votre nom en tête de cet Essai, pieux hommage rendu à la mémoire du savant, mais surtout de l'homme de cœur qui sut, en vous choisissant pour fille, embellir ses dernières années. S'il est vrai que ceux que nous avons aimés nous suivent sans cesse du haut d'un monde meilleur, je sais que, présentée sous votre gracieux patronage, mon œuvre, quoique indigne de lui, saura plaire à mon vénéré maître.

Giroussens, le 1er octobre 1866.

G. COUZY.

ESSAI

SUR

LA VIE DU DOCTEUR RIGAL.

I.

Lorsqu'un illustre chirurgien se voit, après une longue et brillante carrière, au milieu d'un vaste amphithéâtre rempli d'auditeurs, et qu'il est entouré d'une pléiade de disciples devenus maîtres à leur tour, il peut, avec un légitime orgueil, défier la faux du temps et s'écrier avec le poète antique : « *non omnis moriar !* »

Lors même que, comme Dupuytren, il laisserait peu ou point d'écrits, son œuvre survivra : il a fait des élèves qui perpétueront son enseignement et ses méthodes et feront vivre par la tradition scientifique la mémoire de son génie.

Mais, si les hasards de la vie ont retenu cet éminent professeur loin des grands centres d'enseignement, si sa carrière s'est modestement écoulée dans la solitude, et que ses beaux succès chirurgicaux n'aient pour ainsi dire eu pour témoins que le patient et lui, il ne vivra que dans la mémoire de ceux que sa main habile a guéris, et l'on sait ce qu'il faut de temps pour éteindre la reconnaissance.....

Cependant personne n'ignore quels enseignements trouve l'élève à suivre de près un grand chirurgien, à entendre à chaque instant ce que j'appellerai ses cliniques *d'occasion,* mille fois plus utiles que les grandes cliniques d'apparat, et, lorsque le bagage scientifique du maître est, comme celui de Rigal, rempli d'innovations heureuses et d'aperçus ingénieux, quels trésors se perdraient si tout cela s'enfouissait dans la tombe de l'artiste, si les quelques élèves à qui il fut donné de le connaître ne réunissaient ces richesses éparses pour reconstituer l'œuvre qui doit survivre à l'homme.

Aussi me saura-t-on gré, j'en suis sûr, d'essayer de faire revivre notre cher maître dans cette étude : je ne sais que trop combien la tâche que j'entreprends est au-dessus de mes forces; ceux qui connurent Rigal savent s'il est facile de peindre dignement cette belle et aimable figure. A défaut du mérite qui me manque, le souvenir de l'amitié dont m'honora Rigal me soutiendra. Si je puis faire connaître à mes lecteurs cette nature chirurgicale puissamment organisée pour l'invention, pour la parole et l'exécution; si je puis surtout ranimer cet ensemble si séduisant qui faisait de Rigal un maître et un homme si digne de l'estime et de l'affection de tous, à coup sûr mon essai sera réussi.

II.

Lorsque Joseph-Jean-Antoine Rigal naquit à Gaillac, le 5 septembre 1797, son nom était déjà béni des pauvres et admiré de tous; son père, Jean-Jacques Rigal, avait su se placer au premier rang parmi les chirurgiens de son temps.

Plus de trente-quatre mémoires, qui révèlent les plus éminentes qualités de l'esprit, méritèrent à leur auteur des titres d'associations honorables et seize médailles, dont sept en or et neuf en argent; aussi, à cette époque où l'on pouvait commencer les études médicales à l'école de professeurs particuliers, le jeune Rigal eut-il la singulière bonne fortune de faire ses premiers pas dans la science sous l'aile paternelle.

Il montra de bonne heure les plus brillantes aptitudes, et son père, plein d'espoir pour son avenir, l'envoya terminer ses études à la faculté de Montpellier, dont il avait été prosecteur et l'un des élèves les plus distingués.

Le jeune Rigal avait puisé aux premières leçons de son père une grande indépendance d'idées, qui avait d'ailleurs facilement germé dans une intelligence prime-sautière et originale; aussi, dès le début, s'accommoda-t-il assez mal de l'enseignement classique de la faculté.

Il était d'ailleurs poussé par sa nature enthousiaste vers les études artistiques; il délaissa souvent, dans ses premières années, la science pour la poésie, où son esprit charmant lui valait des succès bien faits pour séduire un tout jeune homme.

Rigal n'était rien moins que ce qu'on appelle, en argot d'étudiant, un *piocheur*. Il travaillait à ses heures et attendait l'inspiration, même pour étudier; aussi étudiait-il en poète, cherchant le côté artistique des questions et n'apportant de régularité que dans ses visites à l'hôpital, où la variété des sujets et le talent des professeurs captivaient sa riche nature.

Doué d'une mémoire que je n'hésite pas à

qualifier de prodigieuse, Rigal sut facilement corriger ce que de pareilles études auraient eu d'incomplet pour tout autre. D'ailleurs, quelques années suffirent pour calmer cette imagination bouillante : son père, fatigué par un travail devenu excessif pour sa frêle santé, le rappela auprès de lui et eut le bonheur de voir son fils inaugurer en maître sa carrière chirurgicale.

Lorsqu'en 1823 son père mourut, Rigal comprit la grandeur de sa mission : non-seulement il se montra digne du nom qu'il portait, mais il sut encore en rehausser l'éclat. Son premier travail important, celui qui le signala d'emblée comme un chirurgien plein de sagacité et d'invention, fut son mémoire sur la *Lithotritie*.

Ce mémoire, présenté et lu à l'Institut en 1829, frappa les rapporteurs par la bonne foi qui y est empreinte; il est d'ailleurs écrit avec une clarté et une méthode remarquables.

Pendant son séjour à Paris pour la lecture de son travail, Rigal ne cessa de fréquenter les hôpitaux, où il suivait les maîtres les plus renommés, et sa nature, si richement douée, ne tarda pas à lui concilier l'amitié de ceux avec lesquels il était digne de rivaliser.

L'illustre Roux et Lisfranc admiraient les brillantes expositions de ce jeune chirurgien qui soumettait modestement ses vues scientifiques aux maîtres autorisés des hôpitaux. Ils purent aussi constater souvent l'adresse remarquable avec laquelle Rigal maniait le bistouri ou la sonde, et je lui ai souvent entendu raconter, avec un légitime orgueil, deux épisodes de sa vie parisienne, qui méritent d'être rapportés :

Un matin, Roux rencontre Rigal dans les salles de l'Hôtel-Dieu et s'entretient avec lui des difficultés du cathétérisme chez un jeune homme dont l'urèthre était labouré de fausses routes; Rigal raconte à l'illustre maître qu'il a bien rarement échoué en usant d'une sonde en caoutchouc armée de son mandrin, et faisant cheminer la sonde sur le mandrin qu'on a le soin de tenir immobile. Après de longues et inutiles manœuvres, Roux se tourne vers Rigal, et, d'un ton, où, sous une galanterie apparente, perçait une nuance de dépit : « Voyons, dit-il, M. le Gascon, si vous « serez plus heureux que nous, » et il lui tendait la sonde. — Rigal, dont la hardiesse égalait la modestie, prend la sonde en disant simplement : « J'accepte votre offre; car, là où un maître « comme vous a échoué, nulle réputation ne « court risque, et si je réussis, je me couvre de « gloire. » Avant que ces mots fussent achevés, la vessie du malade était vidée aux applaudissements de ceux qui suivaient la visite.

Lisfranc, à qui Rigal avait parlé avec enthou-

siasme des beaux résultats obtenus par son maître
Delpech dans l'autoplastie de la face, le convie
à venir assister, à la Pitié, à l'ablation d'un can-
croïde de la lèvre inférieure, qui avait détruit
tous les tissus de cette région, et à la régénéra-
tion des parties détruites au moyen des téguments
du cou. Lisfranc décrit d'abord l'opération avec
cette sorte d'emphase qu'il mettait à ses cliniques
et annonce qu'il va refaire une bouche au patient. L'ablation de la tumeur est faite avec cette
habileté opératoire que tout le monde reconnais-
sait à Lisfranc. Pour mieux disséquer l'énorme
lambeau de peau qui devait glisser du cou au
menton et recouvrir les parties dénudées, le chirurgien de la Pitié fait une incision verticale qui
s'étend du milieu de la lèvre inférieure à la région hyoïdienne; — mais, lorsque les deux lambeaux sont disséqués et que, pour faire la réunion,
Lisfranc les redresse et les applique aux parties
saignantes, les lambeaux retombent sans cesse :
Le temps marche cependant, et les élèves com-
mencent à croire que l'opération est manquée;
le patient se décourage et Lisfranc lui-même,
voyant toutes ses tentatives infructueuses, perd
de son assurance, et son trouble se peint sur ses
traits. Rigal s'avance alors, demande un fil à
ligature à l'interne, unit les deux lambeaux par
deux épingles, passe une anse de fil autour de

ces deux épingles, et, fixant cette anse au bonnet du malade par une troisième épingle, assujettit ainsi les lambeaux, ce qui permit d'achever l'opération. Les élèves applaudirent et Lisfranc remercia son jeune confrère qui, par une idée bien simple, venait de le tirer d'un grand embarras.

Ces détails sont petits, sans doute, mais ils révèlent les ressources de Rigal dans un cas urgent, son art à improviser un procédé, et c'est en de pareilles choses que consiste le vrai génie chirurgical. Rien n'est, en effet, moins prévu que les phénomènes chirurgicaux, et il est bien rare qu'un cas se présente avec cet ensemble classique qui exige une opération réglée d'amphithéâtre.

Rigal excellait plus que personne à deviner et à remplir les indications : il y mettait un soin en apparence minutieux et qui, en réalité, était pour lui la cause d'une pratique merveilleusement heureuse. « *Ars tota in minimis,* » telle était sa devise chirurgicale, et il fallait lui voir préparer une opération, suivre l'opéré jusqu'à sa guérison pour savoir comme il comprenait cet aphorisme.

De son premier pèlerinage scientifique, Rigal avait rapporté une nouvelle ardeur au travail. Il sut organiser à l'hôpital de Gaillac un service chirurgical qui eût figuré honorablement dans un grand hôpital de Paris. Plein d'amour pour son art et pour ses malades, il ne négligea rien pour compléter son arsenal de chirurgien. Il sut obtenir de l'Administration toutes les réformes qui pouvaient améliorer le sort de ses chers malades : si le budget de l'hospice devenait insuffisant, Rigal ne se décourageait pas et ouvrait sa bourse pour combler le déficit.

Tous les vendredis, jours de marché à Gaillac, il réunissait chez lui les jeunes médecins des environs qui venaient se retremper à la voix éloquente de leur savant amphitryon. Toute la matinée se passait à l'hôpital à voir les malades, à écouter la leçon de clinique, à voir les opérations; puis, disciples et maître allaient, devisant science et art, s'asseoir autour d'une table élégamment servie, où les charmait l'aimable hospitalité de Mme Rigal, femme tout à fait supérieure et digne enfin de celui qui l'avait choisie.

Dans l'intervalle de ces fêtes de famille, que le bon Rigal appelait ses solennités chirurgicales, le praticien montait à cheval et reprenait ses modestes fonctions avec un zèle infatigable. C'est dans une de ces courses qu'en 1840, il fit une chute terrible qui faillit l'arrêter au point le plus brillant de sa carrière : Il se luxa l'épaule, et, malgré des réductions temporaires opérées successivement par les docteurs

Berenguier et Crouzet, puis par MM. Viguerie et Dieulafoy de Toulouse, la luxation, compliquée d'une fracture du bord inférieur de la cavité glénoïde, se reprodusait sans cesse. Rigal fut obligé d'aller à Paris pour se livrer aux princes de la science; il dut sa guérison à l'illustre Malgaigne, qui devint alors et resta jusqu'à sa mort l'ami de prédilection de celui qu'il venait de rendre à la chirurgie.

Ces deux natures étaient bien faites pour se comprendre et devaient nécessairement sympathiser dès que les circonstances les rapprocheraient.

Plein de cœur et de bonté sous des apparences parfois sarcastiques, passionné pour la science qu'il savait toujours envisager du point de vue le plus élevé, Malgaigne prenait un plaisir infini à écouter les brillantes causeries de son nouvel ami, et l'âme de feu de Rigal ne pouvait que se passionner pour les magnifiques facultés de celui qui sut dogmatiser les grandes réformes de la chirurgie du xix° siècle et être à Dupuytren ce que Platon était à Socrate.

Après avoir passé plusieurs saisons à Baréges, d'où il rapporta des notes chirurgicales du plus haut intérêt et où il avait déjà laissé un nom admiré et aimé de tous, Rigal, enfin guéri des suites de sa blessure, rentra à Gaillac et commença un travail important sur le bégaiement. Son mémoire est malheureusement resté inachevé.

Désigné, en 1845, pour représenter la province au congrès médical de Paris, nommé secrétaire de la section de médecine, il fut, en outre, l'un des rédacteurs du procès-verbal d'exhumation des restes de Bichat et prononça sur la tombe de ce grand homme une allocution pleine d'éloquence.

Il fut, à ce congrès médical, un des plus chauds partisans de la grande association médicale que préparait, avec un zèle généreux, l'aimable causeur hebdomadaire de *l'Union médicale*.

Il serait fastidieux d'énumérer en détail dans le cours de ce récit les travaux scientifiques de Rigal ; la liste complète, avec une analyse des plus importants, sera donnée à la fin de ce travail.

On peut dire d'une manière générale qu'il toucha à toutes les branches de la chirurgie : Il perfectionna une foule de procédés opératoires, et créa de véritables méthodes nouvelles, comme par exemple : la *Cure des tumeurs erectiles par la ligature à chaîne enchevillée*, mémoire qui lui valut le titre de membre correspondant de la Société de chirurgie.

Mais, ce qui frappe d'étonnement et d'admiration lorsqu'on suit la vie scientifique de Rigal, c'est la multiplicité et la variété de ses aptitudes.

Forcé, par sa position éminente comme praticien

de province, de prêter à la justice l'aide et les lumières de la médecine, il sut se placer au premier rang comme médecin légiste. Ses rapports de médecine légale restent comme des modèles du genre : Ce fut lui qui, en 1839, appliqua le premier, avec le docteur Thomas et MM. Caussé et Estruc, pharmaciens à Gaillac, l'appareil de Marsh à reconnaître juridiquement l'arsenic introduit par voie d'absorption dans les viscères. Sa grande perspicacité, jointe à son génie mécanique et à une adresse prodigieuse, lui permit de démontrer plusieurs fois l'innocence d'accusés sur lesquels pesaient les charges les plus terribles.

Une fois, c'était un cadavre qu'on avait trouvé littéralement garrotté dans le Tarn; au moment où, refusant de croire à un suicide, d'ailleurs rendu probable par de nombreuses circonstances, les magistrats ne pouvaient comprendre qu'un homme se fut lui-même ainsi lié, Rigal, en quelques instants, sur les lieux mêmes de l'instruction, se garrotta d'une manière si exactement semblable à celle du cadavre, que tous les doutes furent levés et les prévenus relâchés.

Ce qui d'ailleurs donnait à ses assertions devant la justice une autorité qui entraînait le plus souvent les suffrages des jurés et des magistrats, c'était ce parfum de bonne foi et d'intégrité à toute épreuve qui s'exhalait de tous ses discours, et commandait l'estime due au « *vir probus* » de Quintilien.

Comme praticien, Rigal était presque sans égal. Il avait le secret des guérisons exceptionnelles et pour ainsi dire miraculeuses; lorsqu'il se trouvait aux prises avec un de ces terribles cas qui semblent défier les ressources humaines, sa vive imagination se mettait résolument à l'œuvre, et il n'avait plus de repos qu'il n'eût trouvé une solution au difficile problème qui se presentait à lui. Sa main, d'une adresse vraiment prodigieuse, exécutait avec une sûreté extraordinaire ce que son esprit avait conçu, et je n'ai jamais vu personne opérer la taille avec autant de rapidité, et ajoutons avec autant de succès que lui : une fois la première incision périnéale tracée par son bistouri, la pierre était littéralement en une seconde dans sa main, et sur *soixante-dix-huit* opérations de la taille pratiquées par Rigal, nous comptons *soixante-quinze* guérisons !...

Une des causes principales auxquelles il faut rapporter ses succès pratiques, c'est le soin minutieux qu'il mettait aux pansements qui suivent l'opération : ici son habileté était encore hors ligne. Il avait admirablement compris et simplifié l'idée de Mayor, et il substituait les linges pleins aux bandes qui exercent une compression peu méthodique sur les parties et se desserrent, quelque soin que l'on ait mis à les appliquer. Avec un mouchoir triangulaire Rigal répondait à tous les besoins d'un pansement. Il remplaçait les fils ordinaires par des fils de caoutchouc qui vraiment semblaient devenir intelligents entre ses mains. J'ai sous les yeux la relation écrite par lui-même de l'ablation d'une énorme tumeur de la région parotidienne, opération qui eût infailliblement échoué si, par une heureuse combinaison de linges pleins unis par des fils élastiques, il n'avait maintenu pendant plus de *trois semaines* une compression méthodique sur la blessure, tout en permettant des mouvements assez étendus à la tête du malade.

Son génie mécanique ne s'appliquait pas seulement à la chirurgie; il perfectionna plusieurs machines étrangères à l'art de guérir, et il aimait passionnément cette sorte d'études. « Son enthou-« siasme fut à son comble, » dit le docteur Batut dans une courte notice envoyée à *l'Union médicale,* « lorsqu'il vit pour la première fois une machine « à vapeur des chemins de fer. »

Rigal était aussi un littérateur distingué. Il quittait volontiers le bistouri pour composer de charmantes poésies : sa muse réussissait surtout dans des chansons, pleines d'esprit et de cœur, qu'il disait avec une grâce et un entrain admirables.

En 1821, à l'occasion des deux procès que le Gouvernement de la Restauration intenta à Béranger, Rigal envoya des couplets remplis de verve à l'illustre poète, qui lui répondit par une chanson bien connue. (1)

Lorsqu'on vient de lire ce qui précède, il est bien permis de se demander pourquoi tant de talent resta enfoui dans une petite ville. Dès 1825 l'Académie de Médecine avait admis Rigal dans son sein comme membre correspondant : il est donc de la première ou d'une des premières promotions. « C'est la gloire des hommes, » écrivait dernièrement M. Bousquet, « qui, au com-« mencement, fait celle des institutions, et voilà « pourquoi la nouvelle académie s'empressa de « s'attacher Rigal, de Gaillac, car ces deux noms « sont désormais inséparables. » Sa grande renommée, les sollicitations mêmes de ses amis, tout semblait l'attirer vers un plus vaste théâtre; il résista à tout, et c'est ce qui m'amène naturellement à parler de sa vie privée :

Ce qui y domine avant tout c'est son grand amour pour sa ville natale, à laquelle il voulut s'attacher irrévocablement par un engagement

---

(1) *Dénonciation en forme d'Impromptu à l'occasion de couplets qui m'ont été envoyés pendant mon procès.*

(Edition elzévirienne, tome Ier, page 326.)

formel. Après ou plutôt avec la chirurgie, sa plus grande préoccupation fut la prospérité de la ville de Gaillac. La création de la place Dom-Vaissette, dont il présida l'inauguration, la fondation des salles d'asile, l'amélioration du Collége, dont il surveillait les études avec zèle, l'instruction à ses frais d'un grand nombre d'enfants pauvres, dont il savait admirablement découvrir les aptitudes et à qui il aplanissait plus tard, par son crédit, les difficultés de la vie, tels furent ses principaux titres à la reconnaissance de ses concitoyens.

Tout le monde connaissait la générosité avec laquelle il soulageait les indigents de sa bourse après les avoir soulagés de sa main.

Frappé dans ses plus chères affections, par la perte prématurée de Mme Rigal, il s'était rejeté de toutes les forces de son cœur vers son jeune fils qu'il voulait voir un jour digne de lui, et, loin de se laisser énerver par une douleur si légitime, son grand cœur ne trouva d'apaisement que dans les préoccupations élevées de la politique.

Rigal avait été mêlé fort jeune au mouvement libéral de la France. Si quelques esprits prévenus reprochèrent au représentant de la gauche, en 1848, d'avoir servi parmi les volontaires royaux de 1814, ils oubliaient l'entraînement si excusable d'un jeune homme de dix-huit ans à peine : ils ne savaient pas d'ailleurs que les premières tentatives réactionnaires de la Restauration le jetèrent à jamais dans les rangs des défenseurs de la liberté. Voici comment, avec cette loyauté absolue qui fut toute sa vie sa règle rigoureuse, il répondait à ses détracteurs dans une allocution inaugurale qu'il prononça comme Maire au Conseil municipal de Gaillac, le 21 novembre 1830 : « Séduit par les promesses de la Restauration, « enivré de ses fêtes, je m'enrôlai au 20 mars « sous sa bannière, et les excès de 1815 purent « seuls dissiper mon erreur : la haine de l'arbi- « traire m'avait entraîné vers les Bourbons, la « haine de l'arbitraire ne tarda pas à m'en dé- « tacher. »

La haine de l'arbitraire ! l'amour de la liberté, voilà toute sa vie polititique ! Aussi, lorsqu'en 1832, le fameux ministère de MM. Guizot et Barthe, connu sous le nom de Ministère Doctrinaire, inaugura cette politique réactionnaire qui devait conduire le Gouvernement de Juillet à sa perte, Rigal se démit de ses fonctions de Maire, qu'il remplissait depuis 1830.

Il soutint à cette occasion contre le Préfet du Tarn une lutte où il révéla toute l'énergie et la loyauté de son caractère et prouva, en soignant avec le dévouement le plus absolu la femme de son adversaire politique, qu'il savait affranchir le médecin et l'homme privé des passions du citoyen. Le Préfet du Tarn ne se laissa pas vaincre en générosité et montra lui-même combien il appréciait la valeur de Rigal qui, sur sa proposition, fut nommé Chevalier de la Légion-d'Honneur pour son dévouement aux cholériques de Lacaune.

C'est ici le lieu de rapporter une circonstance pleine d'intérêt de sa vie politique : Il fut chargé par les habitants de Gaillac de conduire à Paris une députation de cette ville pour complimenter Louis-Philippe, en janvier 1831, et fit une allocution pleine d'amour patriotique pour la liberté; il amena ainsi le Roi à prononcer pour la première fois dans sa réponse (1) cette fameuse expression de *Juste milieu* qui caractérisa tout un système politique et fit naître la puissante opposition qui dura jusqu'en 1848.

Ce Gouvernement du juste milieu ne put pardonner à Rigal sa franchise et son indépendance;

---

(1) Voici les paroles du Roi : « Sans doute la Révolution « de juillet doit porter ses fruits; mais cette expression n'est « que trop souvent employée dans un sens qui ne répond « ni à l'esprit national, ni aux besoins du siècle, ni au « maintien de l'ordre public; c'est pourtant cela qui doit « nous tracer notre marche : *nous chercherons à nous tenir* « *dans un juste milieu également éloigné des excès du* « *pouvoir populaire et des abus du pouvoir royal.* »

aussi, après la lutte dont j'ai parlé plus haut, cassa-t-on deux fois son élection au Conseil général.

Après la Révolution de 1848, il fut nommé Maire de Gaillac, membre du Conseil général et Représentant du Peuple à l'Assemblée législative. Là il siégea toujours à gauche sur les bancs de l'opinion libérale, fidèle à cette déclaration qu'il avait mise dans sa profession de foi comme un pressentiment de l'avenir : « Je veux la Répu-« blique pour point de départ, la République « pour but et dernier terme..... Je la défendrai « avec ardeur, avec énergie, sans arrière-pensée, « sans aucun retour possible vers des institutions « qui ont fait leur temps. »

Il prononça plusieurs discours remarqués et toujours pour la défense de la liberté.

Lorsqu'on agita dans l'Assemblée la question du concours pour les places de Professeur aux Facultés de médecine, le grand chirurgien, l'artiste libéral se leva avec énergie et trouva des paroles pleines d'éloquence pour défendre la cause du concours, qui malheureusement était perdue d'avance.

Il fit des efforts inouïs pour garantir, lors de la fameuse loi du 31 mai 1851, la sincérité et l'intégralité du suffrage universel, et l'on peut dire qu'il ne craignit pas de lasser, par son insistance patriotique, la chambre dont la majorité repoussait systématiquement ses idées.

Enfin, son génie mécanique se révéla encore au milieu de ses préoccupations politiques : il imagina une petite machine fort ingénieuse qui rendait beaucoup plus facile et plus rapide la manière de recueillir les votes des Députés.

Par son caractère plein de généreuses impulsions vers les grandes idées et les grandes choses, il sut se concilier d'illustres amitiés : Bixio, Lamartine, Victor Hugo lui donnèrent de précieux témoignages de sympathie.

« Mon affection a prévenu la vôtre, » lui écrivait Lamartine, « car je suis physionomiste et je « reconnais la bonté, bien qu'elle soit recouverte « du rayonnement de l'intelligence. » — « Vous « me dites de ces paroles » lui écrivait aussi Victor Hugo, « qui sont l'encouragement avant « la lutte, et la récompense après : Si je vaux « quelque chose, c'est par la sympathie des nobles « cœurs et des nobles esprits comme vous. »

Lorsqu'en 1852, il rentra à Gaillac, il renonça définitivement à jouer aucun rôle politique. Son âme, délicate et affectueuse, s'était usée dans ces émotions terribles qui ébranlent les cœurs les plus solides; ses amis crurent déjà apercevoir quelques signes de fatigue et de découragement dans sa vie, qui fut privée désormais de l'activité de sa jeunesse.

Cependant Rigal se conservait pour faire une

belle place à son fils, sur qui se réunissaient maintenant ses dernières espérances; il le fit revenir de Paris, où il achevait ses études, et put enfin prendre quelque repos et commencer la coordination de ses travaux.

Malheureusement, emporté par le tourbillon de ses occupations et par son activité dévorante, il avait un peu jeté çà et là et sans ordre ses vues scientifiques, et il ne put tout retrouver.

Sa santé d'ailleurs s'altéra peu à peu : comme toutes les natures trop ardentes, il s'était en quelque sorte vieilli lui-même avant l'âge; ce ne fut que dans des éclairs passagers que nous retrouvions encore de temps en temps le brillant causeur ou le savant clinicien d'autrefois; nous voyions, hélas! s'éteindre peu à peu avec sa vie cette ardeur communicative qui nous avait si souvent électrisés; une anémie de mauvais augure décolora son visage, jadis si animé et si expressif, et ses membres inférieurs s'infiltrèrent. La mort de son ami Malgaigne, arrivée le 17 octobre 1865, acheva de briser cette nature jusque dans les sources mêmes de la vie, et, le 27 octobre de la même année, il s'éteignit après de longues souffrances, mais confiant dans l'avenir, car il laissait un nom béni de tous et un fils capable de le porter dignement.

Sa mort fut un deuil public; car, en le perdant, la ville de Gaillac perdait son bienfaiteur, et, pour lui appliquer les paroles éloquentes de Velpeau sur la tombe de Malgaigne : « la science « chirurgicale perdait une grande et belle intelli- « gence, un de ses plus valeureux champions; la « France, enfin, un de ses plus habiles et de ses « plus laborieux enfants ! »

III.

LISTE DÉTAILLÉE

ET ANALYSE DES PRINCIPAUX MÉMOIRES DE RIGAL.

I.

Chirurgie et Médecine.

1. DE LA DESTRUCTION MÉCANIQUE DE LA PIERRE DANS LA VESSIE OU CONSIDÉRATIONS NOUVELLES SUR LA LITHOTRITIE, — Mémoire lu à l'Institut (Académie des sciences) en 1829.

A l'époque où Rigal écrivit son mémoire, la lithotritie curviligne n'avait pas été employée, et Heurteloup n'avait pas encore inventé son brisepierre courbe avec ou sans le pignon de Charrière.

Une grande difficulté dominait donc et précédait en quelque sorte toutes les autres dans la lithotritie : je veux parler du cathétérisme rectiligne.

Cette difficulté, comme le démontre Rigal, n'avait pas été pressentie par les anciens, qui enfonçaient brutalement et sans méthode une sonde droite dans l'urèthre et produisaient ainsi très-souvent des accidents.

Leroy d'Étiolles avait essayé de conduire un cathéter rigide et rectiligne dans une sonde flexible préalablement introduite dans la vessie; mais la courbure de l'urèthre, exagérée par l'engorgement de la prostate, si ordinaire chez les calculeux, s'y opposait invinciblement.

D'autre part, Lieutaud avait depuis bien longtemps conseillé le cathétérisme rectiligne contre les engorgements de la prostate parce que, *quand il est possible*, il trace dans le lobe moyen un sillon qui facilite l'émission de l'urine.

Rigal fut le premier qui, méthodiquement, sûrement, donna le moyen d'arriver dans la vessie par le cathétérisme rectiligne : il ouvrait ainsi la porte à la lithotritie, et rendait méthodique le traitement de Lieutaud contre les engorgements prostatiques. — Son appareil *ad hoc* décrit dans

la première partie de son mémoire est des plus
ingénieux et trop peu connu des chirurgiens, à
qui il rendrait de grands services.

Voici en quoi il consiste :

Dans une sonde flexible en caoutchouc, on
introduit un fil métallique enroulé en hélice et
représentant parfaitement un ressort de bretelle.
Ce fil métallique ne nuit en rien à la flexibilité
de la sonde, car, lorsque celle-ci arrive à la
courbure de l'urèthre, chacune des hélices dont
le ressort spiral se compose s'éloignera de l'hélice
la plus voisine dans le sens de la convexité de
l'urèthre et se rapprochera de cette même hélice
dans le sens de sa concavité. On a ensuite un
mandrin qui, au lieu d'être lisse comme les
mandrins ordinaires, est taraudé à celle de
ses extrémités qui correspond au bec de la
sonde, d'un pas de vis bien formé et dans une
étendue proportionnée à la portion courbe de
l'urèthre (3 pouces et demi environ). — On com-
prend aisément que si, dans la sonde avec son
ressort élastique préalablement conduite dans la
vessie, on introduit le mandrin taraudé, dès que
celui-ci aura atteint la première spire du ressort,
la sonde se moulera pour ainsi dire sur le mandrin, et, de courbe qu'elle était, deviendra droite
à l'*insu,* suivant l'heureuse expression de Rigal,
à l'*insu* du canal de l'urèthre.

Rigal venait ainsi de donner le moyen de p
nétrer dans la vessie; il perfectionna aussi
broiement de la pierre : la lithotritie propreme
dite.

Une foule de procédés, tous imparfaits comn
dans toute méthode naissante, se disputaient
prééminence :

Les *Perforations successives* (fraise renflée
M. Civiale).

L'*Evidement en coque* (limes à ressort de Ler
d'Etiolles ou potence d'Amussat)....

En même temps que Meyrieu, ainsi qu'il se pla
à le reconnaître en rendant hommage à la mémoi
de ce jeune chirurgien, prématurément enle
à la science et à l'humanité, Rigal imagina d'a
taquer le calcul de la circonférence au centre
de le *gruger* peu à peu; mais des expérienc
faites sur plus de cinquante pierres extraites p
la taille par son père ou par lui-même, lui d
montrèrent que cette idée si ingénieuse et,
apparence, si pratique, serait stérile parce que
calcul éclatait toujours au bout de quelques m
nœuvres et échappait à son instrument.

Pour un esprit aussi fécond que celui de Riga
cet inconvénient devenait un trait de lumière,
il modifia précisément son instrument pour fair
éclater plus tôt le calcul, car c'est maintenant
but qu'il se proposait.

Son tour ou chevalet destiné à soutenir les divers instruments de la lithotritie, son lit pupître, qui peut entrer dans une boîte de vingt pouces carrés sur quatre de hauteur et qui s'adapte solidement à la première table venue, ne sont que des accessoires dans le beau travail qu'il soumettait à l'Académie, mais n'en contribuent pas moins à rendre plus faciles et moins douloureuses les manœuvres de l'opération : le lit, entre autres, d'une fabrication fort simple, devrait exister chez tous les médecins. D'un transport très-commode, il peut servir pour l'opération de la taille, pour les opérations obstétricales, pour celle de la fistule vésico-vaginale, si longue et si pénible, etc..... Il n'est pas un praticien qui n'en ait éprouvé le besoin dans ces opérations urgentes où il est souvent si difficile d'improviser une posture à la fois supportable pour le patient et commode pour l'opérateur.

2. ESSAI SUR LE BÉGAIEMENT, — Mémoire inédit et inachevé.

Je vais exposer le résumé des notes éparses que j'ai pu retrouver et que j'ai tâché de compléter par mes souvenirs.

Rigal avait d'abord passé au creuset d'une critique sévère les recherches antérieures aux siennes (1840-41, etc....)

Les théories de Jourdant, de Colombat, de Ma-

lebouche lui paraissaient insuffisantes et appuyée
sur des faits trop particuliers ou mal observé
du reste, ses opinions sur cette sorte d'infirmit
se rapprochaient beaucoup de celles de Bonne
de Lyon.

Pour lui, le bégaiement était dû à des cause
aussi complexes que la parole physiologique elle
même : le traitement devait être aussi complex
que l'affection.

Sa doctrine se résumait en ce principe : Re
monter, s'il est possible, pour chaque cas d
l'étude du mécanisme vicieux de la parole,
l'organe gêné matériellement ou par une inner
vation viciée; appliquer un procédé appropri
aux indications que l'on vient ainsi de découvrir
la diversité des causes exclut l'unité des moyens
aussi, avant de formuler un traitement contre l
bégaiement, veut-il faire l'examen le plus attent
du sujet.

Si l'infirmité est due à un vice de conformatio
de la langue, comme brièveté du frein, épaisseu
exagérée de la base de la langue empêchant l
pointe de toucher le palais, ou affection de
muscles génio-glosses, alors le traitement chirur
gical est applicable, et, suivant les cas : section
du frein (Hervez de Chégoin); — section d'un
coin dans l'épaisseur de la langue (Dieffenbach)
— section des muscles génio-glosses (Velpeau).

Si l'examen attentif des organes ne laisse voir aucune cause apparente du bégaiement, les diverses méthodes d'orthophonie sont les seules que l'on doive tenter.

Afin d'asseoir logiquement les fondements d'une orthophonie méthodique, il s'était livré à deux ordres de recherches.

A. Recherches sur l'anatomie comparée des organes de la phonation et de l'articulation des sons.

B. Recherches sur la classification philosophique des sons et sur la prononciation, indépendamment de toute étude linguistique.

(A). Cette étude comparée des organes de la voix et de la parole chez l'homme et les animaux, et parmi ceux-ci, principalement chez les oiseaux parleurs (perroquet, geai, pie, etc....) l'avait conduit à formuler deux lois fort intéressantes :

1° Outre les conditions anatomiques décrites par tous les auteurs comme indispensables à l'articulation des mots (existence des cordes vocales de la glotte, des ventricules du larynx, conditions qui ne sont pas suffisantes d'ailleurs puisqu'elles existent chez une foule d'animaux qui ne peuvent articuler), il faut, pour qu'un animal parle, que les organes de la phonation soient suffisamment éloignés des organes de l'articulation.

2° Les syllabes les plus faciles à prononcer son
celles dont l'articulation a son siége le plus loin d
l'organe de la phonation; ainsi, les *labiales*, le
labio-dentales, sont les premières que prononc
l'enfant : pa-pa, ta-ta, ma-ma; les gutturales, a
contraire, et *staphilo-linguales* ou *palato-linguales*
comme les g, r, ch, sont les plus difficiles, e
leur articulation a son siége très-près de l'organ
de la phonation.

Pour la physiologie comparée de la parole, qu
accompagne nécessairement sa sœur aînée l'ana
tomie comparée, Rigal avait encore fait des re
cherches originales. Exemple : Le mot le plu
facile à former est celui qui se compose de deu
ou plusieurs éléments syllabiques semblables ou
pour mieux parler, d'une articulation deux o
plusieurs fois répétée coup sur coup. Les enfant
appellent : pa-pa, ma-ma, ta-ta, bo-bo, etc....

On voit par là que l'organe actif une fois plac
n'a presque plus de labeur : là se trouve la caus
d'une des formes du bégaiement. Le malheureux
affecté de cette infirmité répète la même syllabe
jusqu'à ce que la syllabe rebelle arrive.

Un mot lui est d'autant plus difficile à prononcer, que les éléments syllabiques sont formé
dans une succession plus ou moins rapide par
le même organe actif obligé de prendre des posi-
tions plus ou moins distantes les unes des autres.

Le nom propre Cléon est un exemple propre à montrer le travail imposé souvent à la langue : elle va au fond de la voûte palatine s'arrêter contre le voile du palais pour s'en détacher en prononçant ᴋ; elle revient en avant pour produire ʟ, et doit enfin revenir en arrière pour faire entendre la *nasalité* ᴏɴ; aussi, Rigal conseilla-t-il avec fruit à un de ses malades bègues de prononcer avec une rapidité graduellement croissante ké-lé-on, 3 syllabes qui sortaient nettement lorsqu'elles étaient isolées, et finirent, à force d'exercice, par sortir en un seul mot.

(ʙ). Toutes les langues, disait Rigal, se composant d'un certain nombre d'articulations toujours les mêmes, quoique différemment combinées, une méthode pour guérir le bégaiement devrait être applicable à tous les idiomes possibles; pour créer cette méthode, le premier soin devrait être la détermination rigoureuse des racines syllabiques de toute langue parlée. Aussi, avait-il fait de nombreux tableaux très-détaillés pour y faire entrer tous les sons syllabiques connus. Il serait trop long de reproduire ces tableaux, où il avait corrigé beaucoup d'idées fausses admises jusqu'à lui.

Ce résumé, bien imparfait, suffit cependant, j'espère, pour montrer toute l'originalité et la consciencieuse méthode du travail de Rigal. Il est bien à regretter que les exigences de son immense clientèle ne lui aient pas permis de mener à bonne fin des recherches auxquelles il attachait lui-même beaucoup d'importance et qui auraient certainement jeté un nouveau jour sur une question si intéressante.

3. Mémoire sur la Vaccine et Rapport sur les Vaccinations pratiquées en 1824 dans l'arrondissement de Gaillac, — présenté à M. le vicomte de Cazes, préfet du Tarn, (in-8°, 84 pages). — Imprimerie Baurens, à Albi, 1825.

4. Rapport au Comité de Vaccine de l'arrondissement de Gaillac, — Albi, imprimerie de Maurice Papailhiau, 1840, (in-8°, 22 pages), — avec Tableaux modèles pour les états de vaccination et d'épidémies varioliques.

5. Rapport au Préfet du Tarn sur l'épidémie de Choléra de Lacaune.

Ce mémoire valut à son auteur la croix de la Légion-d'Honneur : Pendant plusieurs mois, il ne cessa de prodiguer les soins les plus dévoués aux malheureux frappés par la terrible épidémie, et le temps qu'il put ravir aux malades, il l'employa sans relâche à méditer sur cette affection qui semble encore défier tous les efforts de la science; disons seulement, et ceci présente un grand intérêt d'actualité, que Rigal était franchement et entièrement contagioniste.

6. Instruction populaire sur la Rage et les soins qu'exigent les plaies faites par les animaux enragés. — Albi, imprimerie de S. Rodière, (in-8°).

Dans cette instruction, Rigal rendait hommage à la mémoire de son père qui, le premier ou un des premiers en France, avait préconisé énergiquement et fait adopter la cautérisation au fer rouge le plus tôt possible après la morsure, comme le seul moyen sûrement préventif de la contamination rabique. Cette instruction, qui nous paraît si naturelle aujourd'hui, était appelée à rendre les plus grands services à une époque où les chirurgiens les plus autorisés traitaient ce procédé de barbare et lui substituaient des drogues prétendues préventives qui, entre autres inconvénients, avaient celui d'inspirer une fausse sécurité. Rigal proposait au Préfet de faire déposer dans chaque commune une boîte contenant plusieurs cautères actuels de diverses formes, pouvant servir quelle que fut la partie mordue.

1. Nouvel Appareil a Chloroformisation.

J'en emprunte la description à la thèse présentée et soutenue, le 9 août 1849, à la Faculté de Paris par feu Bertrand-Victor-Omer Colomiès, de Toulouse, sous le titre suivant :

« Essai sur les Effets thérapeutiques des vapeurs « et des gaz dirigés sur la muqueuse de l'appareil

« RESPIRATOIRE, — (1 volume in-4°), page 82 à
« 83.

« . . . . Cet appareil présente, comme
« presque tous les appareils à inhalation, un corps
« pour la formation des vapeurs et leur mélange
« avec l'air atmosphérique; un système de val-
« vules pour empêcher le retour de l'air de l'ex-
« piration au milieu de celui de l'inspiration, et
« enfin un tube élastique pour la conduite des
« vapeurs avec embouchure appropriée.

« Le corps de l'appareil est un simple verre
« à boire, obturé par un couvercle métallique
« ajusté à frottement, percé, sur la surface su-
« périeure, d'une série circulaire de trous, à un
« demi centimètre du bord, et présentant une
« ouverture centrale de 2 à 3 centimètres, munie
« d'une virole également métallique. Cette virole
« est disposée de manière à supporter inféri-
« eurement une portion de tuyau cylindrique
« de verre. (Cette pièce de l'appareil n'est autre
« chose qu'un bout de cheminée de lampe.) Sur
« l'ouverture inférieure de cette dernière pièce
« est tendu un morceau de mousseline claire
« garni sur toute sa surface de mèches de coton
« qui descendent jusqu'au fond du verre. L'ou-
« verture supérieure est libre. Tel est le corps
« de l'appareil Rigal. Dans le principe, cet habile
« chirurgien se bornait à adapter à l'ouverture

« supérieure de la virole un tuyau Charrière, et
« il avait ainsi une machine simple et commode
« pouvant servir à l'éther aussi bien qu'au chlo-
« roforme. Le liquide étant versé dans le verre,
« (on peut l'introduire au moyen d'un petit éva-
« sement en forme d'entonnoir convenablement
« disposé sur un des trous de la circonférence)
« avec la simple précaution de ne pas atteindre
« le niveau de la mousseline, le patient respire
« par l'embouchure et détermine ainsi un cou-
« rant qui, après avoir pénétré par les ouvertures
« du couvercle, filtre à travers la mousseline,
« et, se chargeant de vapeur anesthésique fournie
« par le liquide dont la capillarité des mèches
« de coton a abreuvé toutes ces parties, arrive
« jusqu'à la bouche du malade. La disposition val-
« vulaire connue de l'appareil Charrière empêche
« le mélange de l'air de l'expiration avec celui
« de l'inspiration.

« Le docteur Rigal ne tarda pas à reconnaître
« les défauts des embouchures Charrière et des
« soupapes qui ne peuvent pas fonctionner dans la
« position horizontale des malades. Il disposa alors
« ses valvules loin de la bouche, diminua la
« longueur du tuyau conducteur et revint à la
« méthode de Girtanner, qui consiste à faire
« respirer les gaz non plus uniquement par la
« bouche, mais en même temps par le nez. Il

« adopta une disposition accessoire pour gra-
« duer l'entrée de l'air et qui consiste en un
« double couvercle emboîtant le premier et sus-
« ceptible d'un léger mouvement de rotation,
« à la faveur duquel on ferme plus ou moins
« de trous pour en ouvrir d'autres pratiqués au-
« dessus de la soupape, c'est-à-dire dans un lieu
« séparé du foyer des vapeurs. »

8. TROIS COMMUNICATIONS VERBALES, — deux à la Société de Chirurgie, une à l'Académie de Médecine.

1° En 1849, Rigal fait part à la Société de chirurgie d'une nouvelle suture, qu'il appelle suture élastique et qui, dans une foule de cas, est appelée à remplacer avec avantage la suture entortillée.

Celle-ci, en effet, a souvent l'inconvénient de comprimer les tissus lorsqu'il survient dans leur épaisseur de la tuméfaction. Elle expose ainsi le chirurgien à perdre le bénéfice d'une réunion immédiate dans des cas où elle est indispensable au succès de l'opération (certains becs-de-lièvre, ablation de cancroïdes de la face). Rigal substituait à ces fils entortillés, dont il redoutait la résistance brutale, des bandelettes de caoutchouc vulcanisé. Il armait l'épingle à suture de la bandelette de caoutchouc, qu'il enfonçait jusqu'à la tête de l'égingle, puis, il plantait l'épingle dans les tissus comme pour la suture entortillée, et, faisant passer la bandelette comme un pont sur la blessure, il la piquait vers son extrémité libre avec la pointe de l'épingle.

Cette opération étant répétée pour chaque épingle, les tissus étaient amenés à la réunion. Voici maintenant les avantages de cette pratique :

Le caoutchouc, par sa propriété rétractile, exerce une compression douce, continuelle et en quelque sorte intelligente sur les tissus ; si ceux-ci se tuméfient, la bandelette, en se distendant, se prête à leur dilatation. Rien, d'ailleurs, n'est plus facile au chirurgien que de diminuer ou d'augmenter la striction, suivant les indications : il suffit de dégager l'extrémité de la bandelette correspondant à la pointe de l'épingle, et de la fixer de nouveau plus ou moins loin — ceci est très-important — et je suis convaincu que si l'on pouvait ainsi modifier la striction des fils entortillés, on éviterait bien des insuccès dans les opérations si délicates de la face.

2° Considérations médico-légales sur les plaies par armes à feu, — communication verbale faite à la Société de chirurgie le 27 novembre 1850. (*Bulletin de la Société*, tome I, pages 893 à 902), in-8°. — Paris, Victor Masson, 1851.

3° Nouveau système de déligation chirurgicale, — communication faite à l'Académie royale de médecine (séance du 3 novembre 1840). — Extrait du tome VI du *Bulletin de l'Académie royale de Médecine*, — (in-8°), chez J.-B. Baillère, 1840.

Cette communication, de la plus grande importance, est la seule chose qui reste des idées de Rigal sur la déligation chirurgicale. Il avait commencé sur ce sujet, non pas un mémoire, car la matière était trop étendue, mais un livre de longue haleine, où l'éminent chirurgien de Gaillac se proposait de substituer des linges pleins unis au caoutchouc, aux bandes généralement employées. Il faut avoir suivi le service chirurgical de Rigal pour comprendre tous les avantages de sa déligation, qui rendait simple et facile le pansement en apparence le plus compliqué, et dont les éléments se trouvent sous la main du chirurgien dans les cas les plus imprévus. Malheureusement je n'ai pu retrouver dans les notes de Rigal que l'Introduction qu'il voulait mettre en tête de son livre et où il expose avec élégance et clarté les avantages de ses procédés.

9. Histoire de la Destruction mécanique de la Pierre dans la vessie, — indications et contre-indications de la Lithotritie, — Mémoire demandé au docteur Rigal par le Congrès méridional dans sa session tenue à Toulouse en 1834 et présenté au Congrès dans sa session de 1835. Une analyse de ce travail, due à la plume de M. le pro-

fesseur Dieulafoy est insérée dans les *Actes du Congrès*, (1 volume grand in-8°), de la page 86 à 97. — Imprimerie de Guirail, Toulouse, 1836.

10. COMPTE-RENDU A L'ASSOCIATION MÉDICALE DE L'ARRONDISSEMENT DE GAILLAC AU NOM DE SES DÉLÉGUÉS AU CONGRÈS MÉDICAL DE FRANCE, TENU A PARIS, EN NOVEMBRE 1845 (séance du 9 janvier 1846), in-8° de 32 pages.

Dans ce Mémoire on trouve le procès-verbal de l'exhumation des cendres de Bichat et le beau discours prononcé à cette occasion par Rigal.

11. MÉMOIRE SUR LA CURE DES TUMEURS ÉRECTILES PAR LA SUTURE A CHAÎNE ENCHEVILLÉE, — Mémoire qui valut à son auteur le titre de Membre correspondant de la Société de chirurgie, — 1851.

Tous les chirurgiens ont pu éprouver la terrible ténacité des tumeurs érectiles qui, une fois en voie de développement, résistent aux traitements les plus énergiques, et, par un accroissement plus ou moins lent, mais en quelque sorte fatal, semblent défier nos ressources.

Jusqu'à Rigal, la science était faite sur la nature des tumeurs érectiles, et leur anatomie pathologique ainsi que leur diagnostics ne laissaient presque rien à trouver; mais leur traitement était loin de cette perfection.

La *compression,* incertaine dans ses résultats et applicable seulement lorsqu'on peut trouver un point d'appui solide comme la calotte osseuse du crâne.

Les *cautères potentiels* donnent d'excellents résultats lorsque la tumeur est petite et n'intéresse que des tissus d'une petite épaisseur.

La *ligature des gros vaisseaux* qui abreuvent les parties malades est, à mon avis, une méthode déplorable, car, la tumeur étant formée exclusivement par un lacis inextricable de vaisseaux capillaires tant artériels que veineux, il est évident qu'il est impossible de les tarir entièrement, et tous les chirurgiens savent la facilité avec laquelle les tumeurs érectiles se reproduisent lorsqu'un seul vaisseau reste intact.....

Le *cloisonnement intérieur* obtenu par le séjour de nombreuses épingles ou par des sétons multiples (procédé de Lallemand) compte quelques succès, mais expose les malades à des érysipèles et donne quelquefois des récidives; il laisse toujours une cicatrice longue à obtenir et d'un vilain aspect.

Enfin, M. Guersant emploie volontiers le cautère actuel rougi à blanc, ou, lorsque les tumeurs sont volumineuses, leur ablation par le bistouri. Mais la première de ces méthodes est très-douloureuse, suivie de cicatrices difformes, et la seconde n'est applicable que lorsque la tumeur est pédiculée et ne peut s'employer dans toutes les régions.

Comme on le voit, chacune des méthodes cu-
ratives que je viens d'énumérer présente de
nombreux inconvénients, dont les principaux
sont de n'être applicables qu'à des cas particuliers et d'exposer à des récidives ou à des accidents graves.

Il restait donc à trouver une méthode à peu
près générale pour guérir les tumeurs érectiles :
en 1847, le docteur Fayolle de Guéret avait
imaginé une sorte de feutrage opéré à l'aide
d'une série d'aiguilles enfoncées à travers les
tissus, à la distance moyenne de deux lignes les
unes des autres et sur lesquelles on faisait une
sorte de suture entortillée en huit de chiffres.
Comme on va le voir, ce procédé est tout dif-
férent de celui de Rigal, et, disons-le déjà, tout
l'avantage est pour ce dernier.

Rigal, en effet, après avoir lardé le plus pro-
fondément possible la tumeur par 2, 3 ou
4.... épingles résistantes, passe, au moyen d'aiguilles, des fils doubles dans le même plan que
les épingles et entre chacune d'elles. Cela fait, il
lie de proche en proche chaque fil avec son
voisin situé de l'autre côté de l'épingle, et en
faisant toujours passer les fils *par-dessous* les
épingles. Une fois la tumeur circonscrite par
cette série de ligatures, on conçoit qu'aucune de
ses parties n'échappe à la constriction. La seule

condition est d'enfoncer les épingles *au-dessous* des tissus malades.

Cette méthode diffère essentiellement de celle du docteur Fayolle, puisque celui-ci faisait passer les fils *par-dessus* les tissus et les étranglait suivant une série de plans perpendiculaires à la base de la tumeur, ce qui permettait à la circulation de sourdre entre chacun de ces plans. Rigal, au contraire, étrangle la tumeur suivant le plan même de sa base, et, si l'opération est bien faite, il est impossible d'avoir une récidive.

Voici maintenant d'autres avantages de la *ligature à chaîne enchevillée*, car tel est le nom que Rigal assignait à son procédé :

1° Elle est applicable non-seulement aux tumeurs pédiculées, mais encore à celles qui ont une large base d'implantation ; et, dans ce cas, elle produit un pédicule artificiel auquel on croirait difficilement avant de l'avoir vu.

2° Par l'étranglement complet et *l'isolement instantané* de la tumeur, elle produit la mort *immédiate* des tissus malades et ne détermine qu'une douleur passagère.

3° Les cicatrices obtenues sont à la fois fermes, mobiles et d'une remarquable égalité de surface. Ce résultat procure le plus grand étonnement à celui qui, l'observant pour la première fois, ne pourrait jamais prévoir que l'énorme plaie résultant de la chute de la tumeur étranglée laisse en très-peu de jours une cicatrice si petite et si peu difforme.

4° Enfin, ce n'est pas seulement un procédé opératoire, mais une véritable *méthode* applicable à la cure de tumeurs diverses. C'est une sorte d'*écrasement linéaire sous-cutané* pour les cas où les tumeurs n'étant pas pédiculées ne peuvent être étreintes par l'écraseur de M. Chassaignac.

Plusieurs chirurgiens ont notamment appliqué la ligature à chaîne enchevillée à la cure du varicocèle, etc.....

12. Revendication de l'Orthopédie physiologique fondée sur la création de muscles factices en caoutchouc, — produite au Congrès méridional dans la session tenue à Toulouse en 1858. — Toulouse, Gimet, et, Paris, Victor Masson, 1859, — in-8° de 27 pages. (Extrait des *Actes du Congrès*.)

Ce Mémoire, où est empreinte la bonne foi scientifique de Rigal, porte une épigraphe qui fut toute sa vie sa devise : « Ma conscience ne « falsifie pas un iota; mon inscience, je ne sais. » (Montaigne.) Il établit d'une manière victorieuse, contre d'injustes prétentions, la priorité de Rigal comme inventeur des tissus élastiques destinés à remplacer les muscles dans un but orthopédique; c'est l'origine des beaux appareils de MM. Mathieu et Charrière pour remplacer artificiellement les membres amputés.

II.

Médecine légale.

1. Observation d'empoisonnement par l'acide arsénieux et Rapport médico-légal par MM. Rigal et Thomas, docteurs-médecins, et MM. Caussé et Estruc, pharmaciens a Gaillac, le 11 juin 1839.

Ce fait, le premier dans lequel l'appareil de Marsh ait servi juridiquement à la recherche de l'arsenic arrivé par l'absorption dans la trame des viscères, fut communiqué à l'Académie de médecine. — Voir le Rapport de M. Caventou, approuvé par l'Académie dans sa séance du 29 octobre 1839. (*Bulletin*, tome V, pages 275 à 281.)

Le Rapport officiel, accompagné de notes alors pleines d'actualité, fut inséré dans le *Journal de Médecine et de Chirurgie* de Toulouse et tiré à part avec deux planches, — Brochure in-8°, 23 pages, — Toulouse, imprimerie d'Auguste Manavit, 1839.

2. Consultation médico-légale donnée pour Joseph Dauzats et Catherine Baute, sa mère, accusés d'homicide avec préméditation sur la personne de Ma-

thieu Dauzats, leur père et mari, — Gaillac, de l'imprimerie de N. Cestan, 1840, (in-4°, 32 p.).

3. Accusation d'homicide avec préméditation — strangulation volontaire, pendaison, infanticides, blessures, — communication verbale faite à l'Académie de médecine (séance du 13 octobre 1840), à l'occasion de l'affaire Dauzats. (Extrait du tome VI du *Bulletin de l'Académie*.) — Paris, de l'imprimerie de Cosson, 1840, (in-8° de 16 pages).

III.

Discours et Productions littéraires diverses.

1. Notice biographique sur Jean-Jacques Rigal père, (grand in-12). — Imprimerie Rodière, Albi, 1824.

2. Mémoire sur l'annulation des opérations électorales des cantons de Lisle et de Salvagnac, réunis, le 20 novembre 1833, pour la nomination d'un Membre du Conseil général du Tarn, — présenté à M. le Ministre Secrétaire d'Etat au département de l'Intérieur et des Cultes. — Gaillac, imprimerie N. Cestan, 1834, (in-8°, 32 pages).

3. Discours sur le service des Enfants-trouvés,

— prononcé dans le Conseil général du Tarn (session de 1846). — Albi, imprimerie Maurice Papailhiau, (in-8° de 8 pages).

4. Pétition du Corps médical de l'arrondissement de Gaillac (Tarn) a MM. les Membres de la Chambre des Pairs, — à l'occasion d'un projet de loi sur l'enseignement et l'exercice de la Médecine. — Gaillac, imprimerie de N. Cestan, 1847, (in-8°, 14 pages).

5. A la mémoire de Georges-Jacques-Amédée de Clausade, avec Notice bibliographique sur ses Ouvrages scientifiques et littéraires, — Discours prononcé sur sa tombe le 24 octobre 1847. — Gaillac, de l'imprimerie de N. Cestan, (grand in-8°).

6. Discours a l'Assemblée nationale législative. — Paris, imprimerie de Panckouke, 1850, — in-8° de 16 pages. (Extrait du *Moniteur*.)

7. Discours prononcé, le 18 mai 1859, sur la tombe d'Edmond Canet, Batonnier de l'Ordre des Avocats du Barreau d'Albi, — par le docteur Rigal, son ancien collègue à l'Assemblée législative. — Albi, de l'imprimerie de Maurice Papailhiau, 1859, (in-12, 6 pages).

www.ingramcontent.com/pod-product-compliance
Lightning Source LLC
Chambersburg PA
CBHW050801070726
47595CB00015B/1306